le vice
de la lecture

L'éditeur tient à remercier chaleureusement
Erin McDonagh pour ses précieuses recherches.

Troisième édition, 2012
ISBN : 978-2-916136-17-2
Dépôt légal : mars 2009
Conception graphique de la couverture : Sandrine Duvillier
Conception graphique de l'intérieur : Anne Brézès
Relecture typographique : Nathalie Barthès

Les Éditions du Sonneur
5, rue Saint-Romain, 75006 Paris
www.editionsdusonneur.com

EDITH WHARTON

le vice de la lecture

Traduit de l'américain par Shaïne Cassim

LES ÉDITIONS DU SONNEUR

Le Vice de la lecture, texte inédit en français, a paru sous le titre *The Vice of Reading*, dans la *North American Review*, en octobre 1903.

LA FAMEUSE « diffusion de la connaissance », communément rangée avec enthousiasme et au suffrage universel dans la catégorie des progrès modernes, a incidemment mis en évidence la naissance d'un nouveau vice – le vice de la lecture.

Peu de vices sont plus difficiles à éradiquer que ceux qui sont généralement considérés comme des vertus. Le premier d'entre eux est celui de la lecture. Que lire du rebut soit un vice est habituellement admis, mais lire en soi – l'habitude de la lecture, aussi nouvelle soit-elle – se range déjà aux côtés d'autres vertus patentées, telles qu'être économe, sobre, matinal et faire régulièrement de l'exercice. Il y a en réalité quelque chose d'étrangement agressif dans l'attitude vertueuse du lecteur par devoir. Par ceux qui s'en sont tenus aux humbles chemins du précepte, le lecteur par devoir est vénéré comme un modèle de perfection. « J'aurais aimé lire comme vous le faites », déclare le novice sans lettres à cet adepte du superfétatoire, et notre lecteur, accoutumé aux encens de la déférence sans réserve, envisage tout naturellement son occupation comme un remarquable exploit intellectuel.

Se forcer à lire – « lire par volonté », en quelque sorte – n'est pas plus lire que l'érudition n'est la culture. Lire vraiment est un réflexe ; le lecteur-né lit aussi inconsciemment qu'il respire ; et pour pousser l'analogie plus avant, lire n'est pas plus une vertu que respirer. Plus on confère à l'acte du mérite, plus il en devient stérile. Qu'est-ce que lire, en dernière instance, si ce n'est un échange de pensée entre écrivain et lecteur ? Si le livre entre dans l'esprit du lecteur tel qu'il a quitté celui de l'écrivain – sans aucune des additions et modifications inévitablement produites par l'irruption de nouveaux corps de pensées –, alors il a été lu en vain. Dans ce cas-là, il va sans dire que le lecteur n'est pas toujours à blâmer. Il y a des livres qui restent de marbre – incapables de transformer ou d'être transformés –, mais ceux-là ne comptent pas en littérature. La valeur des livres est proportionnelle à ce que l'on pourrait appeler leur plasticité – leur capacité à représenter toutes choses pour tous, à être diversement modelés par l'impact de nouvelles formes de pensées. Là où, pour une raison ou une autre, cette adaptabilité réciproque manque, il ne peut y avoir de réelle relation entre le livre et le lecteur. En cela, on pourrait dire qu'il n'y a pas de critère de valeur abstrait en littérature : les plus grands livres jamais écrits valent pour chaque lecteur uniquement par ce qu'il peut en retirer. Les meilleurs livres sont ceux desquels les meilleurs lecteurs ont su extraire la plus grande somme de pensée de la plus haute qualité ; mais c'est généralement de ces livres-là que les piètres lecteurs recueillent le moins.

Être un piètre lecteur pourrait donc être considéré comme une infortune, mais certainement pas comme une faute. Pourquoi serions-nous tous des lecteurs ? Nous ne sommes pas censés être tous musiciens, mais lecteurs nous devons tous l'être ; voilà pourquoi ceux qui ne peuvent lire avec inventivité lisent mécaniquement – tel un homme sans aptitude pour le violon qui considérerait le grincement produit par un orgue de Barbarie comme un accomplissement équivalent ! Il doit être admis, d'emblée, qu'en matière de lecture, les vrais offenseurs ne sont pas ceux qui se restreignent à la camelote avérée. Un lecteur qui s'avoue grand dévoreur de fiction futile cause peu de dommages. Celui qui se précipite sur « le livre du moment » ne nuit pas gravement au développement de la littérature. La sorte d'esprit qui discerne dans les divisions naturelles de l'écorce du melon la preuve qu'il doit être dégusté *en famille** pourrait même considérer certains ouvrages – ceux qui ne nécessitent aucun effort autre que de tourner les pages et se servir de ses yeux – comme spécialement conçus pour le bon plaisir du lecteur mécanique, façon distributeur automatique : « Veuillez appuyer sur la touche adéquate pour sélectionner le livre désiré ». La providence s'avère alors une infaillible pourvoyeuse en auteurs dont la mission évidente consiste à protéger la littérature des ravages provoqués par les sots ; et c'est seulement lorsque le lecteur mécanique s'égare hors de son pré carré qu'il devient un danger. L'idée à la mode selon laquelle lire est une qualité morale a hélas conduit nombre de consciencieuses personnes à renoncer à leur innocent badinage avec les livres faciles pour des relations bien plus épuisantes

*En français dans le texte. *[Toutes les notes sont de la traductrice.]*

avec la littérature. Ceux-là se font « un devoir de lire ». Le « programme » des plus ambitieux d'entre eux inclut la vaste résolution d'être au courant de tout ce qui s'écrit ! Le désir de se tenir au courant est, semble-t-il, la plus grande motivation de cette catégorie de lecteurs : ils semblent envisager la littérature comme un funiculaire à bord duquel on ne peut « embarquer » qu'en courant à toutes jambes ; pendant qu'on trouvera le lecteur-né se promenant avec indolence en diligences et autres chaises de poste, vaguement au fait des nouveaux moyens de locomotion.

C'est lorsque le lecteur mécanique, armé de la haute idée de son devoir, envahit le domaine des lettres – discussions, critiques, condamnations ou, pire encore, éloges – que le vice de la lecture devient une menace pour la littérature. Alors même qu'il pourrait sembler d'un goût douteux de s'offusquer de cette intrusion motivée par de si respectables motifs, n'eût été cette incorrigible suffisance du lecteur mécanique qui fait de lui une cible légitime. L'homme qui joue un air sur un orgue de Barbarie ne cherche pas à soutenir la comparaison avec Paderewski* ; le lecteur mécanique, lui, ne doute jamais de sa compétence intellectuelle. Tout comme la grâce mène à la foi, tant de zèle investi pour progresser est supposé conférer une cervelle.

Lire n'est pas une vertu, mais bien lire est un art, et un art que seul le lecteur-né peut acquérir. Le don de lire n'est pas une exception à la règle selon laquelle tous les dons naturels ont besoin d'être cultivés par la pratique et la discipline ; mais sans l'aptitude innée, la formation sera vaine. C'est l'illusion du lecteur mécanique de croire que les intentions peuvent prendre la place de l'aptitude.

*Ignacy Jan Paderewski (1860-1941), pianiste polonais, fut aussi compositeur, diplomate, politicien et Premier ministre de son pays.

C'est une idée si fausse que certains indices permettent au lecteur-né de détecter son double manufacturé, quelle que soit l'apparence prise par ce dernier. L'une de ces idiosyncrasies est cette manie de considérer la lecture objectivement. Le lecteur mécanique, qui lit toujours consciencieusement, sait exactement combien il lit, et vous le dira avec l'orgueil d'une ménagère scrupuleuse qui a calculé au demi-gramme près la consommation journalière de nourriture dans son foyer. Tout comme la ménagère a tendance à se rendre au marché chaque jour à telle heure, le lecteur mécanique a souvent un horaire précis pour emmagasiner ses provisions intellectuelles ; et il n'est pas rare qu'il lise seulement un nombre d'heures donné par jour. Le témoignage de Hamerton* dans l'un de ses journaux de jeunesse – « Je vais maintenant commencer un cours

*Philip Gilbert Hamerton (1834-1894), peintre anglais, fut également critique d'art et auteur.

de lecture poétique, débutant par cinquante heures de Chaucer, et comme je lui ai consacré une heure et demie hier soir, il me reste exactement quarante-huit heures et demie » – est un bon exemple de cette façon de lire. Il s'ensuit pour celui qui lit à l'heure qu'il n'a souvent « pas le temps de lire » ; une situation inconnue du lecteur-né dont les modes de lecture constituent un flux continu sous-jacent à toutes ses autres occupations.

Le lecteur mécanique est l'esclave de son marque-page : s'il en perd l'emplacement, il se trouve dans l'ennuyeuse nécessité de recommencer au début ; et une anecdote circule sur l'un de ces lecteurs qui, pendant une année, resta égaré dans *Fer et feu au Soudan** à cause de l'impitoyable

*Ouvrage (en deux tomes) du baron Rudolf Karl von Slatin (1857-1932), mandaté par la reine Victoria, narrant sa vie au Soudan.

stratagème de l'un de ses proches malicieux qui, chaque soir, changeait la marque de place. Le lecteur-né est son propre marque-page. Il se rappelle instinctivement à quel moment de l'histoire il a reposé son livre, et les pages s'ouvrent d'elles-mêmes à l'endroit qu'il cherche. Le lecteur mécanique dit lui-même qu'il est invariablement scrupuleux dans l'exercice de son devoir : c'est l'une de ses règles de ne jamais sauter un mot, et il répond toujours par un oui triomphant à l'impérissable « Lisez-vous les livres d'un bout à l'autre ? » du Dr Johnson*. Cet inexorable principe repose sur le fait que le lecteur mécanique est incapable de discerner intuitivement si un livre mérite d'être lu ou pas. En réalité, tant qu'il n'a pas lu la dernière ligne, il est dans l'impossibilité d'avoir un avis ; pas plus qu'il ne peut donner de motifs à son opinion quand il s'en forme une. Appréhendant tous les

*Samuel Johnson (1709-1784) fut poète, essayiste, romancier, critique littéraire, biographe, éditeur et lexicographe.

livres de l'extérieur, et n'ayant aucun point de contact avec l'esprit de l'auteur, il ne prend en considération ni le tempérament ni l'environnement de ce dernier, pas plus que ce processus de transposition et de sélection qui font du livre le plus impersonnel le produit de circonstances uniques.

Il est évident que le lecteur mécanique, tenant chaque livre isolément pour une entité suspendue dans les limbes, manque tous les chemins parallèles et les raccourcis. Il est comme un touriste qui passe d'un « site » à l'autre sans rien regarder qui ne soit recommandé dans le Baedeker*. Des délices du vagabondage intellectuel, de la poursuite improvisée après une fugace allusion, suggérée parfois par la tournure d'une phrase ou par la simple essence d'un mot, il n'a pas la moindre conscience. Avec lui, le livre suffit : l'idée d'en user

*Karl Baedeker (1801-1859), éditeur allemand, fut un pionnier dans le domaine des guides touristiques.

comme la clé d'harmonies non préméditées, comme d'une fuite dans quelque *paysage choisi** par l'esprit, dépasse son entendement.

Le lecteur mécanique considère qu'il est de son devoir de lire chaque livre dont on parle, un devoir rendu moins pénible par le fait qu'il peut juger à l'avance, par les dimensions matérielles de chaque ouvrage, combien d'espace ce dernier occupera dans sa tête : nul besoin de lui allouer de la place supplémentaire. Pour le lecteur mécanique, les livres une fois lus ne sont pas comme des choses qui grandissent, qui prennent racine et dont les branches s'entrelacent, mais des fossiles étiquetés puis rangés dans les tiroirs d'un meuble de géologue ; ou plutôt, comme des prisonniers condamnés à une vie entière de confinement solitaire. Avec un tel état d'esprit, les livres ne se parlent jamais les uns aux autres.

*En français dans le texte.

La route du lecteur mécanique est tracée par la *vox populi*. Il se dirige tout droit vers le livre dont on parle, et l'importance de celui-ci est pour lui proportionnelle au nombre de ses rééditions, puisqu'il n'a pas les moyens de distinguer les différentes catégories de livres dont il est question, pas plus qu'il ne différencie les voix qui en « causent ».

C'est une partie du devoir du lecteur mécanique que de se prononcer sur chaque livre qu'il lit, ce qui le conduit parfois à d'étranges décalages dans le consciencieux exercice de sa tâche. Il est dans sa nature de se méfier et de ne pas aimer tout livre qu'il ne comprend pas. « Je ne sais pas lire, c'est pourquoi je voudrais qu'on brûle tous les livres. » Dans son for intérieur, le lecteur mécanique peut parfois faire sien ce vœu d'Envie* du *Docteur Faust* ; mais une part de son devoir étant

*Personnage de la pièce de théâtre de Christopher Marlowe (1564-1593), *La Tragique Histoire du docteur Faust*.

aussi d'« adorer lire, » il est obligé de refréner sa pulsion « bibliocide » et de poursuivre l'instruction du prévenu jusqu'au bout, quand le lynchage aurait été beaucoup plus simple.

Il est tout à fait naturel que le lecteur qui conçoit la lecture comme une obligation morale confonde la morale et le jugement intellectuel. Voici un livre dont tout le monde parle ; le nombre de ses éditions est une preuve quasi incontestable de sa valeur ; mais pour le lecteur mécanique, voilà qui est énigmatique et il se réfugie dans la désapprobation. Il reconnaît l'intelligence de l'ouvrage certes, mais l'un des personnages n'est « pas sympathique » : par conséquent, le livre n'est pas sympathique ; il est surpris que vous ayez pris la peine de le lire. Le lecteur mécanique, après quelques expériences de ce type, comprend la puissance de la désapprobation en tant qu'arme critique, et bientôt elle devient sa principale défense contre l'irritante exigence d'admirer ce qu'il ne peut comprendre. Parfois, sa désapprobation est tempérée par des concessions d'ordre philosophique envers un laisser-aller bien humain : comme dans l'histoire de la dame qui ne pouvait approuver les romans de Balzac, mais qui était bien sûr encline à admettre « qu'ils étaient écrits dans le plus beau des français ». Un parfait exemple de cette désapprobation modérée est fourni par le verdict de Mme Barbauld* sur *Le Dit du vieux marin*** : elle le déclara « invraisemblable ».

L'obligation d'exprimer un avis sur chaque livre à la mode a conduit à l'habitude répréhensible mais bien naturelle de faire siennes les opinions des autres. Quiconque fréquente un groupe de lecteurs mécaniques sera bientôt habitué à leur

*Anna L. Barbauld (1734-1825), écrivain et amie du poète Samuel Taylor Coleridge.
***Le Dit du vieux marin* est un célèbre poème lyrique de Coleridge (1772-1834).

usage mondain de certaines formules, et au rapide processus d'érosion et de distorsion subi par les opinions largement empruntées. Certaines personnes suffisamment dénuées de cœur pour y prendre du plaisir ont entraîné un lecteur mécanique, bien inconscient, à donner son avis ; et le résultat, parfois, justifie la théorie selon laquelle aucun sport n'est plus divertissant que ceux que pimente la cruauté. En de telles extrémités, les procédés auxquels ont recours les lecteurs mécaniques font souvent honneur à leur inventivité ; ainsi une dame, se trouvant soudain interrogée sur ce qu'elle pensait de *Quo Vadis**, répliqua-t-elle qu'elle n'avait trouvé aucun défaut au livre excepté « qu'il ne s'y passait rien ».

Jusqu'ici a seulement été traité le cas de celui qui pourrait être appelé le lecteur mécanique

*Roman historique de l'auteur polonais Henryk Sienkiewicz (1846-1916).

moyen : une catégorie qui embrasse l'immense majorité des consommateurs de livres. Il y a, toutefois, un autre type de lecteur mécanique plus saisissant encore – celui qui, las de la diversion philistine consistant à « comprendre l'évident », se faufile avec assurance à travers « les amères difficultés de l'occulte ». Le transcendantalisme doit beaucoup de sa durable popularité à une vénération pour l'inintelligible, et ses disciples sont en grande partie recrutés dans la catégorie des lecteurs qui considèrent que lire un livre est une aussi grande prouesse intellectuelle que le comprendre. Mais ces fervents disciples de l'ésotérisme sont trop peu nombreux pour être dangereux. C'est le lecteur mécanique moyen qui met vraiment en danger l'intégrité des lettres ; ceci peut sembler une charge singulière à porter contre cette majorité vorace. Comment ceux qui créent la demande pour le cent millième exemplaire peuvent-ils être accusés de malveillance envers les lettres ?

Dans sa perspicace étude de caractères, *Manœuvres**, Miss Edgeworth dit de l'un de ses personnages : « Jamais son esprit n'avait été submergé par un torrent de connaissances inutiles. Que le courant de la littérature l'ait irrigué n'était perceptible qu'à sa fertilité. » Ceci ne pourrait être plus heureuse description de ceux qui lisent intuitivement ; et son antithèse, un digne portrait du lecteur mécanique. Son esprit est dévasté par ce torrent de connaissances inutiles que ses demandes ont aidé à gonfler. Il est probable que si ne lisaient que ceux qui savent lire, personne d'autre que ceux qui savent écrire ne produiraient de livres ; mais c'est la moindre des offenses du lecteur mécanique que d'avoir encouragé l'auteur mécanique. Ils sont faits l'un pour l'autre et peuvent s'attaquer l'un l'autre en toute impunité.

*Roman de l'auteur anglo-irlandais Maria Edgeworth (1767-1849).

La nocivité du lecteur mécanique est quadruple. En premier lieu, suscitant la demande d'une écriture médiocre, il facilite la carrière de l'auteur médiocre. Le crime d'attirer le talent créatif dans les rangs de la production mécanique est en réalité la plus grande offense du lecteur mécanique.

En second lieu, par sa passion des interprétations « populaires » des sujets abstrus et complexes, en confondant le *réchauffé** hâtif des truismes scientifiques avec la lente maturation des concepts du penseur original, il ralentit la vraie culture et diminue la quantité potentielle d'un travail réellement inscrit dans la durée.

L'habitude de confondre la morale et les jugements intellectuels est la troisième cause de sa nocivité à la littérature. L'inadéquation de « l'art pour l'amour de l'art » en tant que credo littéraire

*En français dans le texte.

est admise depuis longtemps. Ce n'est pas en exigeant de l'écrivain imaginatif qu'il traite de « jolies choses » que le lecteur mécanique interfère dans la production de chefs-d'œuvre, mais bien par sa propre incapacité à discerner les « jolies choses » dans un livre, aussi formidable soit-il, dès qu'une difficulté se présente à ses yeux. Pour ceux qui envisagent la littérature comme une critique de la vie, rien n'est plus déconcertant que cette incapacité à distinguer l'idée directrice d'un livre – sa valeur technique et imaginative considérée comme un tout – de ses caractéristiques purement factuelles. Que le lecteur mécanique confonde l'amoral et l'immoral est peut-être naturel ; on peut lui pardonner une classification erronée de livres tels que *La Chartreuse de Parme* ou *La Vie de Benvenuto Cellini** ; sa nuisance à la littérature réside dans

*Autobiographie célèbre du sculpteur et orfèvre italien Benvenuto Cellini (1500-1571).

son ignorance persistante du fait qu'une évocation véritable de la vie doit être jugée non par les péripéties qu'elle présente mais par l'interprétation qu'en donne l'intelligence de l'auteur. Le livre nuisible est le livre trivial : il ne tient qu'à son auteur, et non au sujet, que l'observation de la vie mène à Faust ou bien à Faublas*. Pour évaluer l'absence de cette perception chez le lecteur moyen, on doit examiner le roman ordinaire « incorrect » publié en Angleterre et en Amérique actuellement. Dans ces ouvrages, appréciés sous le manteau de la protestation au prétexte qu'ils sont « déplaisants, mais si forts », on voit ce qu'il reste des grandes évocations de la vie dans les esprits de leur auteur et du lecteur mécanique. Il y a le classement dans l'ordre des incidents « dramatiques » ; mais le reste, étant imperceptible, est laissé de côté.

*Héros des *Amours du chevalier de Faublas* de Jean-Baptiste Louvet de Couvrai (1760-1797).

Enfin, le lecteur mécanique, avec sa demande de littérature prémâchée et son incapacité à distinguer les moyens de la fin, a fourvoyé la critique, ou plutôt, a produit une créature à sa propre image – le critique mécanique. Le correspondant londonien d'un journal new-yorkais a récemment cité « un critique anglais reconnu » qui aurait affirmé que les gens n'ont plus le temps de lire des analyses critiques de livres – que ce qu'ils veulent est un résumé de l'histoire. Il s'agit bien entendu d'une question qui reste ouverte (et n'entrant guère dans le cadre de ce propos) que de savoir combien la littérature gagne à être critiquée ; mais en parler comme si l'analyse d'un livre était un type de critique et le recensement de son contenu un autre est d'une absurdité manifeste. Le lecteur-né peut souhaiter ou ne pas souhaiter entendre ce que les critiques ont à dire d'un livre ; mais s'il se préoccupe de critique, il n'en attend qu'une digne de ce nom – une analyse de sujet et de style. Celui qui n'a pas le temps pour de telles critiques ne va certainement pas en perdre avec le résumé des événements, l'inventaire des péripéties, finissant par le conventionnel : « Mais nous ne gâcherons pas le plaisir du lecteur en révélant, etc. » C'est le lecteur mécanique qui demande de tels inventaires et les appelle critiques ; et c'est parce que le lecteur mécanique est majoritaire que l'extracteur mécanique d'intrigue supplante rapidement le critique. Que la vraie critique soit au service de la littérature ou non, il est évident que cette pseudo-critique est nuisible, car elle place des livres de très différentes qualités sur le même lamentable niveau de médiocrité, en ignorant leurs véritables intention et signification. Il est impossible de donner une idée de la valeur d'un livre par le résumé de son contenu, excepté peut-être pour un roman policier ; et même les qualités qui différencient le bon roman policier du mauvais ne résident pas dans le classement des péripéties mais bien dans le maniement du sujet et du choix des moyens employés pour produire tel ou tel effet. Toute forme d'art repose sur le principe de la sélection, et lorsque ce principe est omis pour appréhender une production intellectuelle, il ne peut y avoir de critique authentique.

C'est ainsi que le lecteur mécanique œuvre systématiquement contre le meilleur de la littérature. À l'évidence, c'est à l'écrivain qu'il est le plus nuisible. La large avenue qui mène à l'approbation du lecteur mécanique est si facile à suivre et si grouillante de compagnons de voyage prospères que plus d'un jeune pèlerin y a été attiré par le seul besoin de camaraderie ; et ce n'est peut-être qu'à la fin du voyage, quand il rejoint le Palais des Platitudes et s'assoit devant un festin de louanges sans discernement, avec les plumitifs qu'il a le plus méprisés, se servant sans gêne aucune du plat préparé en son honneur, que ses pensées se tournent avec envie vers cet autre côté – le droit chemin menant « aux happy few. »

EDITH WHARTON

EDITH NEWBOLD JONES naît dans le milieu aisé de la haute bourgeoisie new-yorkaise le 24 janvier 1862. Son éducation, qui sera très complète, est confiée à des institutrices à demeure. Elle passe une partie de son enfance en Europe avec ses parents ; les Newbold Jones ne sont de retour en Amérique qu'en 1874, où Edith fait ses débuts dans la société à dix-sept ans. Enfant, Edith est familière de la grande bibliothèque de son père, qui lui est ouverte ; elle écrit des poèmes et une nouvelle.

À la suite de fiançailles rompues, Edith connaît une grave dépression dont elle guérira, mais qui reviendra affecter sa vie future à de multiples reprises. En 1885, elle épouse un homme de son milieu, Edward Robbins Wharton. Ce mariage, rongé par les indélicatesses financières, les infidélités et la santé mentale chancelante de son mari, se soldera, malgré la grande répugnance d'Edith à cette idée, par un divorce en 1913.

Sa première nouvelle, *La Vue de Mrs Manstey*, paraît dans le *Scribner's Magazine*, qui avait publié ses poèmes quelques années plus tôt. Elle est aussi un auteur inattendu en 1897 lorsqu'elle fait paraître, en collaboration avec Ogden Codman, un ouvrage remarqué intitulé *The Decoration of Houses*.

Jusqu'en 1902, Edith connaît de nouveau de grands épisodes dépressifs, mais cette période, durant laquelle elle retourne en Europe et réside en particulier à Paris, verra se créer autour d'elle un cercle fidèle d'amis artistes et écrivains, dont Anna de Noailles, André Gide et Jean Cocteau. C'est en 1891 qu'elle fait en Angleterre sa grande rencontre amicale et littéraire en la personne d'Henry James ; ils resteront proches jusqu'à la mort de celui qu'Edith appelle affectueusement « cher maître ».

En 1905, « l'ange de la dévastation », ainsi que la nomme James, publie un roman qui rencontre un immense succès : *Chez les heureux du monde*. Un an après, définitivement installée à Paris, Edith Wharton connaît la vraie passion amoureuse avec Morton Fullerton ; leur liaison orageuse durera trois ans.

En 1911, paraît *Ethan Frome*. Lorsque la Première Guerre mondiale éclate, l'écrivain au sillage mondain s'engage activement pour collecter des dons et visiter les hôpitaux. Elle en rendra compte dans un ouvrage intitulé *La France en guerre* et se verra décerner la Légion d'Honneur par le gouvernement français. *Le Temps de l'innocence*, publié en 1920, lui vaut une prestigieuse récompense jamais encore attribuée à une femme : le prix Pulitzer. Trois ans plus tard, elle est également la première femme nommée docteur *hono-*

ris causa de l'université de Yale. *Les Chemins parcourus* – son autobiographie – paraît en 1934 ; Edith Wharton y raconte ses souvenirs, mais aussi ce qui fait le cœur battant de son œuvre, son goût précoce pour la lecture, ses réflexions sur l'écriture, la place de la femme dans la société, le progrès qui modifie toutes les donnes et bouscule les valeurs d'antan, l'évocation amicale des rencontres qui ont changé sa vie.

Edith Wharton a écrit plus de quarante livres sans compter les ouvrages sur la décoration et les jardins, les articles, les poèmes et les critiques. Elle meurt en France, où elle a passé une grande partie de sa vie, le 11 août 1937, à l'âge de soixante-quinze ans, des suites d'une attaque cardiaque. *Les Boucanières*, son dernier roman inachevé, est publié à titre posthume en 1938.

Les Éditions du Sonneur

La Petite Collection a été créée pour que puissent exister des textes trop courts pour être publiés dans un grand format, mais trop grands pour ne pas être édités.

Notre mot d'ordre reste le même depuis la création de notre maison d'édition : publier des textes inédits et des textes oubliés ou méconnus dignes de vivre ou de revivre, d'être découverts ou retrouvés, des ouvrages auxquels on revient et avec lesquels on vit, que nous souhaitons accompagner assez longtemps pour qu'ils trouvent leurs lecteurs. Grâce à cette nouvelle collection, nous pouvons ajouter aujourd'hui : quelle que soit leur longueur.

Retrouvez les premières pages de chacun de nos ouvrages, notre catalogue et notre actualité sur notre site Internet : www.editionsdusonneur.com.

CHEZ LE MÊME ÉDITEUR

WILLA CATHER

la nièce de Flaubert

TRADUCTION DE L'ANGLAIS
ET PRÉFACE D'ANNE-SYLVIE HOMASSEL

En 1930, Willa Cather (1873-1947) a déjà solidement établi sa réputation de grand écrivain américain lorsqu'elle rencontre Caroline Grout, la nièce de Gustave Flaubert, qui fut élevée par son fameux oncle et dont elle est l'exécutrice testamentaire.

La Nièce de Flaubert dresse le portrait d'une femme surprenante, lien vivant entre un XXe siècle déjà éprouvé par la guerre et l'âge d'or de la littérature française. Ce texte est avant tout un éloge ardent de la littérature et de la lecture, non comme passe-temps mais comme raison de vivre.

Ce livre d'une infinie délicatesse regorge de petites scènes américano-proustiennes [...] qui révèlent le lien sensible et profond entre l'art et la vie.

PHILIPPE LANÇON, *Libération*

CHEZ LE MÊME ÉDITEUR

JULES RENARD

leçons d'écriture et de lecture

Tout au long de son *Journal*, qu'il tint de 1887 à 1910, Jules Renard (1864-1910), auteur des célèbres *Poil de Carotte* et *Histoires naturelles*, n'a cessé de s'interroger sur les mots, le rythme, la phrase… *Leçons d'écriture et de lecture* rassemble un choix de ses considérations sur le style – le sien, bien sûr, tout comme celui des écrivains de son époque, de Victor Hugo à Verlaine, en passant par Huysmans, Maupassant, Claudel… Jules Renard dresse ainsi son propre portrait d'écrivain mû par le doute, celui de ses contemporains, de son siècle, de la littérature de son époque.

Ce mince recueil de considérations sur le style est le genre de choses que l'on se plaît à garder dans une poche ou au fond de son sac en permanence pour y aller voir à tout instant. Un pour la route !

PIERRE ASSOULINE, *La République des livres*

CHEZ LE MÊME ÉDITEUR

JACK LONDON

quiconque nourrit un homme est son maître

TRADUIT DE L'ANGLAIS PAR MOEA DURIEUX
PRÉFACE DE JEAN-MARIE DALLET

On connaît le Jack London (1876-1916) aventurier du grand Nord, marin des mers du Sud, chercheur d'or, vagabond du rail. On connaît aussi le London chantre de la nature sauvage, militant politique, défenseur des déshérités. Mais on ignore souvent le London polémiste qui, prenant ici prétexte de la condition de l'écrivain obligé de prostituer son talent pour vivre, fustige une société où l'argent est roi.

Au temps où Jack London tripotait au fond de sa poche une patte de lapin porte-bonheur, les lapins étaient de meilleure qualité qu'aujourd'hui. Les rapports entre les écrivains et la société, eux, ne l'étaient pas.
Service littéraire

CHEZ LE MÊME ÉDITEUR

VICTOR HUGO

du péril de l'ignorance

PRÉFACE DE MARIE-NOËL RIO

En novembre 1848, Victor Hugo monte à la tribune de l'Assemblée constituante pour dénoncer une réduction de budget qui menace les lettres, les arts et les sciences.

Point d'économie sur l'intelligence, tel est le leitmotiv de son discours. Car brader la culture, c'est saboter la gloire de la nation, anéantir l'édifice social, avilir le peuple. Or seul « l'encouragement enthousiaste d'un grand gouvernement » peut lutter contre ces dangers, aujourd'hui comme hier.

Pas une ride dans son indignation, sa combativité, pas un mot qui ne résonne exactement dans la réalité d'aujourd'hui. Du grand Hugo, un petit livre très utile.

MARIE MASSON, *Les Lettres françaises*

Achevé d'imprimer en octobre 2012,
sur les presses de l'imprimerie La Source d'Or,
63039, Clermont-Ferrand, France.
Imprimeur n° 16124.

Cet ouvrage est imprimé, pour l'intérieur, sur papier bouffant
Munken Print White 90 g certifié PEFC sous le n° 10/31-2008.